BEI GRIN MACHT SICH IHR WISSEN BEZAHLT

- Wir veröffentlichen Ihre Hausarbeit, Bachelor- und Masterarbeit

- Ihr eigenes eBook und Buch - weltweit in allen wichtigen Shops

- Verdienen Sie an jedem Verkauf

Jetzt bei www.GRIN.com hochladen und kostenlos publizieren

Bibliografische Information der Deutschen Nationalbibliothek:

Die Deutsche Bibliothek verzeichnet diese Publikation in der Deutschen National-
bibliografie; detaillierte bibliografische Daten sind im Internet über http://dnb.d-
nb.de/ abrufbar.

Impressum:

Copyright © 2009 GRIN Verlag, Open Publishing GmbH
Druck und Bindung: Books on Demand GmbH, Norderstedt Germany
ISBN: 978-3-640-77868-3

Dieses Buch bei GRIN:

http://www.grin.com/de/e-book/160964/der-beitritt-der-ukraine-in-die-wto

Yevgeniy Voytsitskyy

Der Beitritt der Ukraine in die WTO

GRIN Verlag

GRIN - Your knowledge has value

Der GRIN Verlag publiziert seit 1998 wissenschaftliche Arbeiten von Studenten, Hochschullehrern und anderen Akademikern als eBook und gedrucktes Buch. Die Verlagswebsite www.grin.com ist die ideale Plattform zur Veröffentlichung von Hausarbeiten, Abschlussarbeiten, wissenschaftlichen Aufsätzen, Dissertationen und Fachbüchern.

Besuchen Sie uns im Internet:

http://www.grin.com/

http://www.facebook.com/grincom

http://www.twitter.com/grin_com

Der Beitritt der Ukraine in die WTO

vorgelegt von

Yevgeniy Voytsitskyy

Siegen, 2009

Inhaltsverzeichnis:

Einleitung

Der Beitritt der Ukraine in die WTO ist ein komplizierter Prozess, den die Regierung und die Businesselite der Ukraine gut abwägen sollen. Hierdurch entsteht eine Reihe von unterschiedlichen Fragen zur Position der Ukraine in der Weltwirtschaft, zu den potentiellen Vor – und Nachteilen der Mitgliedschaft der Ukraine in der WTO, zu den makroökonomischen Auswirkungen und den Folgen für verschiedene Bereiche der Wirtschaft der Ukraine.

In der Ukraine wurde vor einiger Zeit eine Reihe neuer Gesetze angenommen, die die Ukraine an die Normen und Standards der WTO annähern sollten. Dennoch musste die Ukraine, um die Verhandlungen über den Beitritt der Ukraine in die WTO endgültig abzuschließen, vor allem ihre Kräfte auf die endgültige Durchführung der Reformen für die Gesetzgebung konzentrieren. Die Mobilisierung der politischen Kräfte und starke innenpolitische Unterstützung durch alle staatlichen und nicht-staatlichen Komponenten – das ist das, was die Ukraine brauchte, um ein gleichberechtigtes und funktionsfähiges Mitglied dieser Weltorganisation zu werden.

Die Aufgabe dieser Arbeit ist die Erörterung der Vor – und Nachteile einer Mitgliedschaft der Ukraine in der WTO.

Aus unterschiedlichen Gründen war bzw. ist - und wird möglicherweise – auch der Prozess des Beitritts zu der WTO sehr langsam, kompliziert und schwer für alle Länder sein. Die Beitritts – Kandidaten müssen häufig grundlegende Reformen durchführen, um ihre staatlichen Institutionen und die Gesetzgebung kompatibel mit den Prinzipien und Standards der WTO zu machen und sich damit den Beitritt in die Organisation zu sichern.

An den Erfahrungen der Länder, die der WTO beigetreten sind, kann man sehen, wie sich die Mitgliedschaft auf das Wachsen der Marktwirtschaft, auf die Regulierung der institutionellen und wirtschaftlichen Reformen, auf die Steigerung des Wohlstandes und die Beschäftigung der Bevölkerung auswirkt.

Es besteht bisher die allgemeine Auffassung, dass der Prozess des Beitritts für die Beitrittskandidaten außerordentlich umfassend und schwierig geworden ist. Der Prozess wird durch folgende Probleme charakterisiert. Er:

-    ist teuer und kompliziert,

-    nimmt viel Zeit in Anspruch,

- sieht zur Zeit vor, dass die vom Land vorgenommenen Beitrittsverpflichtungen, die über den Rahmen des Allgemeinen Zoll – und Handelsabkommens (GATT) / WTO hinausgehen, erfüllt werden müssen,

- steigert ununterbrochen den Beitrittspreis,

- berücksichtigt nahezu nicht die Besonderheiten bzw. das Spezifische der Beitrittsländer.

Tatsächlich sieht die Mitgliedschaft in der WTO erhebliche Ausgaben für die notwendigen ökonomischen Regulierungen vor. Dennoch zeigt sich erfahrungsmäßig, dass der daraus resultierende Nutzen die Ausgaben wieder mehrfach einbringt. Die langfristigen ökonomischen Vorteile der Mitgliedschaft, wie zum Beispiel die Steigerung der Beschäftigung der Bevölkerung oder die direkten Investitionen, können sehr groß sein.

Die Frage der Mitgliedschaft muss man im Kontext mit den Prozessen der internationalen und regionalen Integration, die zur Zeit verlaufen, betrachten. Die Ukraine kann nicht isoliert von der übrigen Welt wirtschaftlich blühen. Es steht allerdings mit Sicherheit fest, dass die Prozesse, die in der Ukraine bezüglich der räumlichen Nähe zu der Europäischen Union und Russland sowie im globalen Maßstab (besonders zu Asien, Nord – und Südamerika) stattfinden und stattfinden werden, werden offensichtlich wegen ihres wirtschaftlichen Nutzens attraktiv sein.

Eins ist klar, dass der Beitritt der Ukraine in die WTO einen sehr starken Konkurrenzdruck auf die verschiedenen Sektoren der ukrainischen Wirtschaft zur Folge haben wird. Die ausländischen Institutionen können der Ukraine eine fortgeschrittene Businesspraxis vermitteln. Wenn die Ukraine bereit und fähig für die Reformen und für die Beherrschung modernerer Methoden des Managements, für die Herstellung und für die Entwicklung von neuen Produkten und Dienstleistungen, für die Verbesserung der Qualität der Produkten und für den Abbau unnötiger Ausgaben sein wird, kann sie auf gleichem Niveau mit ihren ausländischen Partnern konkurrieren. Deshalb wird die neue Ausrichtung, in der die Ukraine nach dem Beitritt in die WTO in die Weltwirtschaft einsteigen wird, im Allgemeinen sehr nützlich für die ukrainischen Firmen sein. Sie wird ermöglichen, den Verbrauchern qualitativ hochwertige und bequeme Produkte und Dienstleistungen zu liefern bzw. zu gewährleisten, wovon die ukrainische Wirtschaft insgesamt gewinnen wird.

4

Darstellung der Beziehungen der Ukraine und der WTO

Die Welthandelsorganisation (World Trade Organization – WTO) ist eine internationale Organisation. Sie wurde 1995 aus dem General Agreement on Tariffs and Trade (GATT) in der Uruguay – Runde gegründet. Ihr gehören 149 Staaten an, deren Anteil am Welthandel und an Dienstleistungen 95 % ausmacht. Die WTO reguliert die handels – politischen Beziehungen der Teilnehmer der Organisation auf der Grundlage der Verträge der Uruguay – Runde der multilateralen Handelsbeziehungen. Diese Verträge sind die rechtliche Basis für den modernen internationalen Handel.

Das Verfahren des Beitritts in die WTO wurde während eines halben Jahrhunderts der Existenz von GATT / WTO ausgearbeitet. Es ist bewusst umfangreich und besteht aus mehreren Etappen. Die Erfahrung der letzten beigetretenen Staaten zeigt, dass das Verfahren im Durchschnitt etwa 5 bis 7 Jahre dauert.

Die Ukraine hat sich im Jahr 1993 um die Mitgliedschaft in der WTO beworben. Erst nach 14 Jahren Verhandlungsmarathon hat die Generalversammlung der WTO in Genf am 5. Februar 2008 die Annahme des mit der Ukraine verhandelten 1.500 Seiten umfassenden Vertragspakets beschlossen. Die Ukraine plante, den Vertrag spätestens bis zum 4. Juli 2008 zu ratifizieren, und wurde dann 30 Tage nach der Ratifizierung WTO – Mitglied. Die EU hatte den erfolgreichen Abschluss der WTO – Verhandlungen zur Vorbedingung für Verhandlungen erklärt und sich erst am 16. Januar 2008 abschließend mit der Ukraine über letzte dem WTO – Beitritt noch im Wege stehende Handelsfragen einigen können.

Der WTO – Beitritt öffnet ebenfalls die Tür für Verhandlungen mit der EU über ein Erweitertes Freihandelsabkommen.

Die WTO – Mitgliedschaft wird für die Ukraine als systematischer Faktor der Entwicklung der nationalen Ökonomie, der Liberalisierung des Außenhandels und der Vorbereitung für ausländische Investitionen empfunden. Das entspricht den nationalen Interessen der Ukraine. Außerdem ist der WTO – Beitritt ein notwendiger und praktischer Schritt auf dem Wege der Integration der Ukraine in die Europäische Union, eine der zentralen Prioritäten der Wirtschaftspolitik und eine der Hauptaufgaben der Regierung der Ukraine.

In den letzten Jahren hat sich der Bereich der Tätigkeiten und Befugnisse der WTO, die heute oft weit über den Rahmen der Handelsoperationen hinausgehen, stark ausgeweitet.

Sie ist eine mächtige und einflussreiche internationale Struktur geworden, die die Funktionen der internationalen ökonomischen Regulierung erfüllt. Die WTO – Mitgliedschaft ist heutzutage praktisch eine der unverzichtbaren Bedingungen für die Länder, die in die Weltwirtschaft einsteigen wollen.

Der Vertrag über die Gründung der WTO sieht die Bildung eines permanenten Forums für die Mitglieds – Staaten für die Regulierung der Probleme vor, die ihre Handelsbeziehungen beeinträchtigen könnten, und für die Kontrolle der Realisierung bzw. die Einhaltung der Verträge und der Vereinbarungen der Uruguay – Runde. Alle Mitgliedsstaaten verpflichten sich alle juristischen Vorschriften zu erfüllen. Sie werden unter dem Begriff „Multilaterale Handelsverträge" zusammengefasst.

Zu den wichtigsten Aufgaben der WTO gehören:

- die Kontrolle über die Erfüllung und die Einhaltung der Verträge und der Abkommen der bestehenden Dokumente aus der Uruguay – Runde,

- die Durchführung der vielseitigen Verhandlungen und Konsultationen zwischen den Mitgliedsstaaten,

- die Regelung von Streitigkeiten,

- die Prüfung der Richtlinien der nationalen Handelspolitik der Mitgliedsstaaten,

- die technische Unterstützung der Entwicklungsländer,

- die Zusammenarbeit mit den internationalen spezialisierten Organisationen.

Die Vorteile des Beitritts der Ukraine in die WTO

Die Erfahrungen der WTO – Länder zeigen, dass sie aufgrund der WTO – Mitgliedschaft wesentliche Veränderungen in ihren Wirtschaftsstrukturen erreichen konnten. Die Ukraine hofft ihrerseits auch auf die neuen wirtschaftlichen Entwicklungen und erwartet von ihrem Beitritt:

1 – Die Zahl der ausländischen Direktinvestitionen soll deutlich größer werden. Das zeigte sich in den Ländern Zentral – und Westeuropas nach ihrem WTO – Beitritt. So stiegen beispielsweise die Investitionen in Bulgarien nach dem ersten Jahr nach dem Beitritt um den

Faktor 3,7 und in den Jahren 1999-2000 noch um den Faktor 1,5. In Slowenien haben sich die Investitionen fast verdoppelt.

2 – Die Senkung der tariflichen und nichtwirtschaftlichen Einschränkungen für den Zugang ukrainischer Produkte auf alle wichtigen Märkte der Industrieländer und die Steigerung der Devisen durch den Export einheimischer Produkte.

3 – Die Möglichkeit des Interessenschutzes zugunsten ukrainischer Produzenten im Falle von Streitigkeiten innerhalb der WTO.

4 – Die Verbesserung der Arbeitsabläufe für den Import und für die Regulierung im internationalen Handel.

Zu den ökonomisch – politischen Vorteilen zählen:

1 – Die WTO – Mitgliedschaft ist für die Ukraine eine notwendige Vorbedingung für die Bildung der Freihandelszone und die Sicherung für die allmähliche Integration der Ukraine in die Europäische Union.

2 – Die WTO – Mitgliedschaft schließt eine wirtschaftliche Isolierung der Ukraine von den Ländern Europas und des Balkans aus, von denen viele schon heute EU – Mitglieder sind.

3 – Russland strebt ebenfalls den WTO – Beitritt an, und bevor es ihr Mitglied wird, kann die Ukraine für sich die besseren Handelsbedingungen aushandeln, zum Beispiel, was den Transit des Erdgases oder die Lieferung der ukrainischen Produktion nach Russland betrifft.

4 – Die WTO – Mitgliedschaft wird die ukrainischen Hersteller unterstützen und wird die Verdrängung der ukrainischen Produkten durch vergleichbare Produkte der europäischen Hersteller verhindern (das betrifft aber nicht die marktwirtschaftlichen Konkurrenzbedingungen).

5 – Die WTO – Mitgliedschaft sorgt für die steigenden Einnahmen für den Haushalt, für die Aktivierung des Warenumsatzes und die Steigerung der Menge der hergestellten Produkte.

Der Hauptvorteil für die Ukraine ist, dass das wirtschaftliche Geschehen etwas transparenter und vorhersehbarer wird. Nach dem WTO – Beitritt der Ukraine verpflichten sich die anderen WTO – Länder die Importtarife und andere nichttariflichen Handelsbarriere zu senken. Umgekehrt wird die Senkung der Importtarife praktisch auf alle Produkte, die in die Ukraine importiert werden, den ukrainischen Herstellern ermöglichen mit den anderen Produktherstellern zu konkurrieren, unter der Bedingung natürlich, dass die ukrainischen Waren konkurrenzfähig werden. Die ukrainischen Verbraucher werden besseren Möglichkeiten bei der Auswahl von Produkten, z.b. von Lebensmitteln und Getränken, erhalten.

Die Liberalisierung der Finanz – und Bankleistungen wird die Verbilligung der Kreditressourcen für die ukrainischen Unternehmen fördern. Heute liegt hier eines der großen Probleme für die Unternehmen. Viele von ihnen benötigen Kredite, um die wesentlichen Innovationen zu realisieren.

Ein Unternehmen ist gleichzeitig der Hersteller von Waren oder Dienstleistungen und der Verbraucher von entsprechenden Waren und Dienstleistungen. Als Verbraucher wird ein Unternehmen auch von der großen Auswahl an Produkten und Dienstleistungen profitieren. Die Steigerung der Konkurrenz hätte die Senkung der Preise und die Verbesserung des Services zur Folge. Solche Konstellationen schaffen gleiche Chancen für alle Unternehmen, was ihre effektive Entwicklung fördern wird.

Der Import von billigen Waren, den die ukrainischen Unternehmen so befürchten, ist auf den ukrainischen Märkten feststellbar. Viele Waren werden nicht verzollt und gelangen durch Schmuggel auf die ukrainischen Märkte. Das beeinträchtigt die Strukturen des Marktes der Ukraine und die gesamte wirtschaftliche Entwicklung. Mit dem WTO – Beitritt sollte die Verantwortung der WTO für die Bekämpfung des Schmuggels zunehmen, weil dieser nicht nur die Ukrainischen, sondern auch die Märkte der Partner der Ukraine gefährdet.

Der WTO – Beitritt der Ukraine bedeutet nicht, dass die staatliche Unterstützung für die einheimischen Unternehmen entfällt. Allerdings soll der Staat nach Vorgabe der WTO einige Subventionen abbauen. Inwiefern sich das vollziehen wird, soll bzw. wird die Ukraine mit den Beitrittsbedingungen mit der WTO aushandeln.

Mögliche Nachteile der Mitgliedschaft

Mit dem Beitritt der Ukraine in die WTO muss man logischerweise mit negativen Folgen für die wirtschaftliche Entwicklung der Ukraine rechnen:

1 – Die Ukraine als das flächenmäßig größte Land im europäischen Raum kann für die entwickelten Industrieländer zum Absatzgebiet für ihre Produkte werden.

2 – Als Ergebnis der Konkurrenz können ukrainische Produkte für den Export durch Nichterreichung der internationalen Standards zu wenige oder keine Absatzmärkte unter vergleichbaren Produkten finden.

3 – Der Konkurrenzdruck auf die ukrainischen Produktenhersteller wird durch den Import von ausländischen Produkten und Dienstleistungen sehr verstärkt. Diesem Druck werden viele ukrainischen und vor allen Dingen kleine einheimische Unternehmen möglicherweise nicht standhalten können und sie werden insolvent. Diesem Konkurrenzdruck wird unteranderem die landwirtschaftliche Produktion, besonders die Tierzucht, sehr stark ausgesetzt sein.

4 – Die Transformation der Ukraine in ein Land mit enger Spezialisierung und großer Abhängigkeit vom Import.

5 – Diskriminierung einheimischer Produzenten.

Von dem Beitritt der Ukraine in die WTO werden vor allem die exportorientierten Bereiche wie Metallurgie und Chemiebranche profitieren. Solchen Effekt kann man bei dem Automobilbau, der Elektroindustrie, der Landwirtschaft, der Nahrung – und Leichtindustrie schlecht vorhersagen. Sie werden voraussichtlich Schwierigkeiten haben, weil sie hauptsächlich auf den Binnenmarkt der Ukraine orientiert sind. Wie die Erfahrungen der postsowjetischen Länder, die gegenwärtig bereits die WTO – Mitglieder sind, zeigt, dass die Produktion von Milch, Eiern, Fleisch, Gemüse und Obst am wenigstens konkurrenzfähig war. Diese Produkte waren für den Innenmarkt bestimmt. In der Ukraine werden diese Produkte hauptsächlich in kleinen bäuerlichen Betrieben produziert.

Die Landwirtschaft der Ukraine wird also höchstwahrscheinlich von der Konkurrenzunfähigkeit betroffen sein. Die landwirtschaftlichen Produkte werden wahrscheinlich mit dem billigen und qualitativen Import von vergleichbaren Produkten nicht konkurrieren können. Als Folge davon ist ein Anstieg der Arbeitslosigkeit in den landwirtschaftlichen Gebieten der Ukraine zu erwarten.

Der WTO – Beitritt wird einige traditionelle Maßnahmen für die staatliche Regulierung in der Ukraine verändern:

1 – Der WTO – Beitritt fordert die Aufhebung der meisten staatlichen Vergünstigungen, die Befreiung von der protektionistischen Besteuerung und Zollbestimmungen.

2 – Das WTO - Abkommen über die Subvention und die Kompensationsmaßnahmen verbietet dem Staat den Schuldenerlass für Firmen oder die Kapitalvergabe an diese Firmen zwecks Schuldentilgung.

3 – Das WTO – Abkommen (1994) über staatliche Einkäufe sieht deren Einschränkung vor. Das verhindert die Stimulierung der nationalen Produktion durch staatliche Anreize.

4 – Die Liberalisierung der Finanzleistungen kann zu Aktivierung der Spekulationen mit dem Kapital führen. Das verringert die Kontrolle des Finanzsektors.

5 – Das Abkommen TPIMC (über die mit dem Handel verbundenen Investitionsmaßnahmen) beschränkt die Rechte des ukrainischen Staates gegenüber ausländischen Investoren (z.b. hinsichtlich der Regulierung ihrer Imports und des Anteils des Exports der hergestellten Produkte). Das verringert die Kontrolle der Tätigkeit ausländischer Investoren und verhindert die Koordinierung verschiedener Wirtschaftsbereiche und der regionalen Strukturen der Investitionen.

Der Staat wird also in seinen Instrumenten der Wirtschaftspolitik beschränkt sein. Diese Veränderung wird sich bemerkbar machen. Nach der Aufhebung dieser staatlichen Regulierung werden die allgemeinen Ausgaben steigen und die Einnahmen aus Zöllen und Steuern werden geringer. Zu diesen vom Staat bisher regulierten Bereichen gehören die schon erwähnten Bereiche wie Landwirtschaft, Automobilbau usw.

Die meisten negativen Folgen nach dem Beitritt werden in der Zeit, die jedes Land für die Adaptation ihrer Unternehmen an die neuen Bedingungen des liberalisierten Marktes braucht, eintreten. Die Vorteile, die von diesem Beitritt erwartet werden, werden dagegen eher einen langfristigen systematischen Charakter haben, weil einige Bereiche der Industrie der Ukraine bereits heute ihre Konkurrenzfähigkeit unter den Bedingungen der zunehmenden Globalisierungsprozesse bewiesen haben und sie nicht den Effekt der „Schocktherapie" haben werden.

Bezüglich der negativen Folgen wird entscheidend sein, dass der Import nach dem Beitritt der Ukraine und die Konkurrenz für die einheimischen Hersteller auf dem

Binnenmarkt zunehmen werden. Die Befürchtung wegen der drastischen Steigerung des Imports in die Ukraine könnte man relativieren, indem klar wird, durch welche Besonderheiten der Innenmarkt der Ukraine charakterisiert bzw. geschützt ist: 1 - hohe Transportkosten, 2 - die schlecht entwickelte Infrastruktur, 3 - die erschwerte Verteilung der wesentlichen Importproduktion in den weiten Regionen des Landes, 4 - eine geringe Kaufkraft der Bevölkerung der Ukraine. Billige Importwaren werden in der Ukraine gekauft, aber die teueren Waren können sich die Bürger zunächst nicht leisten.

Bei der Bewertung der negativen Folgen des Beitritts in die WTO für die einzelnen Bereiche der Ökonomie der Ukraine muss man nicht nur den nationalen Zustand, sondern auch die internationale Wirtschaftssituation berücksichtigen. Der Prozess der Globalisierung, die Steigerung der gegenseitigen Abhängigkeit der nationalen Wirtschaften führen zu Niedergang und Verschwinden bestimmter Sektoren der Wirtschaft des einen oder anderen Landes und umgekehrt zu ihrer Entwicklung und zu dem Aufstieg einzelnen Volkswirtschaften.

Die negativen Folgen vom WTO – Beitritt in der Ukraine könnte man minimieren, indem man den Prozess der Tarifsenkung auf manche ukrainischen Produkte nach und nach unter Berücksichtigung der Übergangsperiode, die 3 bis 8 Jahre dauern sollte, abwickelt. Außerdem sollte man berücksichtigen, dass nach dem Beitritt die Märkte der anderen WTO – Länder wesentlich zugänglicher für den ukrainischen Export werden, was die Verluste der ukrainischen Hersteller auf dem einheimischen Innenmarkt zeitweilig kompensieren kann. Wenn also die Ukraine eine Übergangsperiode für das Einströmen von Importen auf ihre Märkte haben wird, bekommt sie gleichzeitig den Zugang für ihre Produkte bei niedrigen Tarifen auf die Märkte der WTO – Länder. Das wird unbedingt zu einer Steigerung des Exportpotenzials der Ukraine führen. Die WTO – Mitgliedschaft ist schließlich ein Instrument der Entwicklungsstrategie für die Ukraine und andere Länder.

Die Wirtschaftspolitik der Ukraine zur Minimierung der Nachteile sollte folgende Maßnahmen gewährleisten:

1 – Die Modernisierung des Systems des Schutzes des Binnenmarktes gemäß der Forderungen der WTO.

2 – Die Unterstützung der Exportproduktion und die Vervollkommnung der Exportstruktur.

3 – Die strukturierte Umgestaltung der nationalen Wirtschaft und die Steigerung ihrer Konkurrenzfähigkeit entsprechend den Forderungen der internationalen Konkurrenz.

Um einige Maßnahmen, um die negativen Auswirkungen des Beitritts zu minimieren, hat sich die Regierung der Ukraine bereits bemüht:

1 – Das staatliche Programm für die Entwicklung der Industrie der Ukraine für die Jahre 2003 – 2011 (Erlass des Kabinetts der Ukraine vom 28.07.03), das Maßnahmen zur Steigerung der Konkurrenzfähigkeit der nationalen Produktion und die Schaffung einer funktionsfähigen Administration unter den Bedingungen der WTO – Mitgliedschaft vorsieht.

2 – Der Plan für die Steigerung der Konkurrenzfähigkeit der Bereiche, die von den negativen Auswirkungen des Beitritts getroffen werden können, und die Maßnahmen für ihre Minimierung.

3 – Das Programm für die Zertifizierung und die Standardisierung der Produktion der Ukraine.

WTO – Beitritt: die Ukraine vor Russland

Zwischen der Ukraine und Russland gibt es mittlerweile genügend Probleme in ihren bilateralen Beziehungen. Dass die Ukraine vor Russland in die WTO aufgenommen wurde, erlaubt ihr wirtschaftliche und politische Einflussnahme.

Nach dem Vertrag kann ein WTO – Mitgliedsland ein Veto gegen einen Beitrittskandidaten einlegen. Es ist offensichtlich, dass die Ukraine zu solchen extremen Maßnahmen nicht greifen wird. Es würde den Beginn eines „kalten Krieges" oder endgültig das Ende der freundschaftlichen Beziehungen zwischen der Ukraine und Russland bedeuten. Legitim wäre, wenn die Ukraine als WTO – Vollmitglied bei den Verhandlungen über den WTO – Beitritt Russlands wirtschaftlichen Forderungen an Russland formulieren würde. So könnte die Ukraine beispielsweise eine Herabsetzung der Preise für die russischen Gaslieferungen und eine Anhebung des Tarifs für den Gastransit fordern. Der ukrainische Präsident Viktor Juschtschenko äußerte seine Hoffnung auf „überaus interessante Verhandlungen" über Anti – Dumping – Maßnahmen und andere Einschränkungen, die Russland für den ukrainischen Export beschlossen hat.

Fazit und Ausblick

Die Liberalisierung der außenwirtschaftlichen Tätigkeit der Ukraine, die in den 90-er Jahren stattgefunden hat, gab die Möglichkeit die Steigerung des Warenumsatzes zu erreichen. Dennoch fanden bis heute noch keine wesentlichen Veränderungen in der Warenstruktur der Import – Export – Operationen der Ukraine statt. Leider gibt es in der Ukraine gegenwärtig nur wenige Produkte, die als Endprodukte ins Ausland exportiert werden. So entfallen 40,9 % laut Angaben des Staatlichen Komitees der Statistik der Ukraine auf den Export von schwarzen Metallen und die Erzeugnisse aus ihnen, 13,8 % auf Mineralprodukte, einschließend Erdölprodukte, Erz, Naturgas, 8,7 % auf die Produkte der Chemieindustrie. Der Maschinenbauexport beläuft sich lediglich auf 13 %.

Trotz des WTO – Beitritts hat die Ukraine eine Reihe von ungelösten Problemen, die offensichtlich den WTO – Beitritt der Ukraine nicht verhinderten, die aber die Entwicklung der Ökonomie des Landes lähmen. Das sind zum Beispiel die Notwendigkeit der effektiven Restrukturierung des Industriesektors und der Landwirtschaft, die Steigerung der Standards der Produktion und der Verwaltung und die Entwicklung der neuen Mechanismen des Interessenschutzes einheimischer Hersteller. Das sind keine Prozesse, die kurzfristig abgewickelt werden können, sondern die langfristig sind.

Der Beitritt in die WTO bedeutet für die Ukraine eine weitere Liberalisierung des Außenhandels, was zu Vor – und Nachteilen in der ukrainischen Wirtschaft führen kann. Heute sollte man entsprechend auf das Funktionieren im System der WTO vorbereitet sein, um die Vorteile zu nutzen und die möglichen Nachteile zu neutralisieren.

Dennoch muss man, analysiert man den Vorbereitungsstand der Ukraine auf ein erfolgreiches Funktionieren im WTO – System, leider Defizite der Informierung und eine zurückhaltende Teilnahme der Vertreter des ukrainischen Business, der Öffentlichkeit und der Wirtschaftswissenschaftler an der konstruktiven Erörterung dieser Maßnahmen für die Vorbereitung der Wirtschaftssektoren und der Regionen der Ukraine unter den neuen Bedingungen der internationalen wirtschaftlichen Beziehungen feststellen. Dazu kommen noch die häufigen innenpolitischen Krisen und die schon lange tief eingewurzelte Korruption im Staat, welche die Arbeit andauernd hemmen.

Im Großen und Ganzen kann man den WTO – Beitritt der Ukraine als positiven Schritt bewerten, weil ohne die WTO – Mitgliedschaft gravierende Probleme in den Prozessen der Integration der Ukraine in die Europäische Union zu erwarten sind. Nur, wie die Ukraine mit dem, was sie sich vorgenommen hat (WTO -, NATO -, EU – Beitritt plus die obengenannten Probleme), zurecht kommt und die sachlogische Reihenfolge der Herausforderungen abarbeiten wird, wird sich in den nächsten Jahren zeigen.

Literaturverzeichnis:

Parlamentarische Messung der Europäischen Integration. Hg.: Ausschuss für die Europäische Integration der Ukraine. Kiew, 2005

Pleines, H. Ukrainische Seilschaften (Informelle Einflussnahme in der ukrainischen Wirtschaftspolitik 1992 – 2004). LIT Verlag Münster 2005.

http://de.rian.ru/business (Stand 02.12.2008 15:44)